Love One Another

John 13:34

E	I	P	S	R	O	L	O	V	E	L	Z
Y	D	N	H	A	E	V	W	A	J	G	V
L	J	G	A	N	O	H	Z	F	X	Q	K
Z	J	E	O	N	R	T	T	S	A	N	X
O	F	W	N	E	O	I	S	O	X	B	L
O	O	H	M	O	V	T	X	U	N	Y	S
M	P	S	K	A	X	O	H	M	M	A	J
U	V	Y	W	H	D	E	L	E	O	R	L
H	O	U	O	Y	U	H	N	H	R	O	L
U	A	I	G	Y	G	Z	I	Z	V	K	Z
N	J	P	K	C	N	R	K	E	X	X	B
H	A	V	E	V	C	N	D	K	B	J	X

Scripture Verse

LOVE
ONE
ANOTHER
AS
I

HAVE
LOVED
YOU
SO

YOU
MUST
LOVE
ONE
ANOTHER

"Love one another. As I have loved you, so you must love one another."

Acts 4:12

No Other Name But Jesus

N	B	O	T	H	E	R	E	S	L	E	S
J	K	Z	M	A	N	K	I	N	D	A	R
V	O	T	O	R	O	F	I	Q	L	E	O
E	G	T	S	U	M	D	B	V	R	O	T
G	I	I	S	C	N	Y	A	E	N	H	U
R	V	M	X	U	D	T	H	E	S	E	N
B	E	N	O	W	I	T	S	X	I	A	D
Y	N	F	H	O	X	A	W	H	R	V	E
B	W	I	N	N	V	B	W	W	M	E	R
R	C	K	A	E	A	O	O	N	W	N	A
H	L	W	D	W	N	M	I	A	E	C	L
G	Q	J	M	Z	C	P	E	W	D	X	W

Scripture Verse

SALVATION
IS
FOUND
IN
NO
ONE
ELSE
FOR
THERE
IS
NO
OTHER
NAME
UNDER
HEAVEN
GIVEN
TO
MANKIND
BY
WHICH
WE
MUST
BE
SAVED

Salvation is found in no one else, for there is no other name under heaven given to mankind by which we must be saved.

Give Thanks To The Lord

Y	K	N	Y	Z	I	Q	P	L	O	U	I
E	M	R	I	A	G	D	N	H	Q	P	R
V	P	F	J	D	M	E	T	D	Q	A	K
I	Y	G	F	E	V	N	N	E	R	B	M
G	T	O	H	O	H	X	A	S	L	O	D
S	R	O	L	Z	W	T	I	E	A	T	L
A	O	D	Y	S	V	N	C	R	I	M	S
E	T	I	N	D	K	H	B	U	H	S	I
F	S	K	N	A	H	T	K	D	S	G	S
F	O	R	E	V	E	R	G	N	N	H	H
F	W	S	N	F	P	D	C	E	H	I	O
B	E	G	N	Z	T	M	E	U	S	H	I

Scripture Verse

GIVE
THANKS
TO
THE
LORD

FOR
HE
IS

GOOD
HIS
LOVE
ENDURES
FOREVER

Give thanks to the LORD, for he is good; his love endures forever.

Psalm 107:1

John 3:16

For God So Loved The World

I	E	B	E	T	E	R	N	A	L	O	J
G	P	V	E	T	A	H	G	E	F	I	L
O	E	H	E	L	J	C	A	T	A	H	T
D	R	A	N	G	I	Y	V	H	U	H	M
P	I	V	O	X	L	E	E	E	A	I	F
W	S	E	H	N	R	Y	V	T	H	S	Q
O	H	I	O	E	E	I	K	E	O	R	R
R	S	A	L	H	V	I	W	N	S	O	Q
L	O	V	E	D	E	P	B	U	T	F	I
D	W	G	R	B	O	L	L	A	H	S	S
N	N	N	Z	Z	H	D	N	A	T	O	N
E	H	T	I	F	W	R	B	Q	K	S	O

Scripture Verse

FOR
GOD
SO
LOVED
THE
WORLD
THAT

HE
GAVE
HIS
ONE
AND
ONLY

SON
THAT
WHOEVER
BELIEVES
IN
HIM

SHALL
NOT
PERISH
BUT
HAVE
ETERNAL
LIFE

For God so loved the world that he gave his one and only Son, that whoever believes in him shall not perish but have eternal life.

Romans 3:23

H	X	N	S	Y	S	H	W	L	S	F	E
M	E	V	U	R	O	M	L	B	J	A	A
D	B	Y	N	O	M	A	C	U	S	T	S
X	S	S	L	L	F	U	J	O	J	X	I
O	C	H	B	G	Y	O	O	Q	E	H	C
C	U	K	O	T	Q	F	Y	D	N	A	U
Q	Y	R	B	R	P	H	Z	O	I	P	B
Z	Q	O	R	P	T	B	C	E	H	T	D
U	R	F	Z	T	T	S	A	E	Q	B	P
D	O	G	E	V	A	H	C	L	L	A	R
B	E	S	I	N	N	E	D	K	Q	F	V
V	A	C	S	P	Q	H	T	C	O	R	D

Scripture Verse

FOR
ALL
HAVE
SINNED
AND
FALL
SHORT
OF
THE
GLORY
OF
GOD

For all have sinned and fall short of the glory of God.

Psalm 56:3-4

I Will Trust In You

I	T	R	U	S	T	K	I	V	N	F	D
Z	X	I	N	G	I	E	F	I	I	N	I
D	O	G	F	I	P	C	M	N	A	U	P
X	O	D	I	A	R	F	A	A	W	S	Q
D	O	G	E	P	R	A	I	S	E	B	U
D	B	Q	T	Y	M	T	A	A	P	A	E
E	S	O	H	W	B	O	F	U	N	P	Y
P	R	N	O	E	J	N	R	J	U	W	I
U	F	T	R	U	S	T	A	D	O	H	G
T	T	L	Y	U	O	L	I	Z	Y	E	Q
D	Y	D	Q	E	G	V	D	N	O	N	C
V	M	A	O	U	M	D	R	O	W	L	J

Scripture Verse

WHEN
I
AM
AFRAID
I
PUT

MY
TRUST
IN
YOU
IN
GOD

WHOSE
WORD
I
PRAISE
IN
GOD

I
TRUST
AND
AM
NOT
AFRAID

When I am afraid, I put my trust in you. In God, whose word I praise — in God I trust and am not afraid.

Saved By Grace

S	W	T	S	B	G	G	I	F	T	L	Q
I	M	I	J	C	E	M	A	N	D	S	Y
H	S	B	E	E	N	U	B	A	I	H	O
T	U	J	T	H	R	O	U	G	H	F	U
O	O	I	F	Y	Y	U	H	A	V	E	R
F	Y	G	H	T	I	A	F	M	Q	P	S
N	I	T	O	O	Z	I	P	Y	U	I	E
Z	I	S	U	D	S	L	N	R	M	T	L
S	A	A	E	C	A	R	G	O	O	P	V
J	J	V	T	H	E	F	D	F	R	O	E
E	X	E	N	O	T	A	B	J	F	Y	S
I	U	D	N	Y	H	V	Y	X	C	N	H

Scripture Verse

FOR
IT
IS
BY
GRACE
YOU

HAVE
BEEN
SAVED
THROUGH
FAITH
AND

THIS
IS
NOT
FROM
YOURSELVES
IT

IS
THE
GIFT
OF
GOD

For it is by grace you have been saved, through faith — and this is not from yourselves, it is the gift of God.

Romans 10:13

Call On The Name Of The Lord

W	K	Z	G	G	J	F	E	B	Z	W	U
Z	S	L	L	A	C	Z	V	J	C	G	M
W	W	O	H	W	C	N	E	Y	Q	E	O
W	Z	N	P	X	C	A	R	I	I	B	V
I	D	N	M	T	W	M	Y	J	T	H	E
L	E	T	B	X	D	E	O	T	E	D	W
L	V	E	E	U	R	D	N	H	U	L	M
D	A	R	M	F	O	X	E	D	E	V	F
M	S	I	G	T	L	H	Y	Z	O	H	B
O	V	Q	B	T	X	S	W	F	H	E	T
P	T	N	L	B	I	J	R	B	B	O	H
V	Q	Q	F	P	P	I	N	O	D	V	I

Scripture Verse

EVERYONE
WHO
CALLS
ON

THE
NAME
OF
THE

LORD
WILL
BE
SAVED

"Everyone who calls on the name of the Lord will be saved."

I Can Do All Things

P	Y	E	O	O	H	W	Y	J	B	J	H
O	R	S	K	U	C	R	X	H	I	Z	A
I	F	Q	F	H	T	G	N	E	R	T	S
B	V	S	R	J	G	O	H	W	C	I	N
A	A	F	E	M	F	O	D	A	T	U	F
M	W	O	Y	V	Y	F	N	D	H	S	Y
P	W	U	U	A	I	L	P	S	R	Z	W
B	P	K	S	E	Z	G	W	L	O	L	U
K	R	S	I	H	T	A	B	F	U	Y	U
M	E	A	L	P	J	H	M	Y	G	N	L
B	U	A	E	M	R	L	I	C	H	L	X
A	T	B	V	Y	I	C	H	E	A	L	F

Scripture Verse

I
CAN
DO
ALL

THIS
THROUGH
HIM

WHO
GIVES
ME
STRENGTH

I can do all this through him who gives me strength.

Philippians 4:13

Psalm 108:4

Great Is Your Love

D	E	T	O	A	S	B	B	I	N	S	N
R	W	H	M	K	S	E	R	L	Z	K	A
E	I	D	R	P	E	H	R	R	C	I	H
H	Z	I	E	E	N	T	T	U	S	E	T
G	K	F	A	V	L	S	Y	O	O	S	R
I	C	D	C	S	U	N	U	Y	W	Y	H
H	P	W	H	I	F	E	A	Q	X	G	Y
L	O	A	E	S	H	V	D	P	E	R	R
O	N	C	S	K	T	A	C	X	N	E	F
V	X	Q	S	R	I	E	I	L	A	A	O
E	B	H	Y	D	A	H	G	P	Q	T	R
T	H	E	L	M	F	F	Y	L	Q	F	B

Scripture Verse

FOR
GREAT
IS
YOUR
LOVE
HIGHER
THAN
THE
HEAVENS
YOUR
FAITHFULNESS
REACHES
TO
THE
SKIES

For great is your love, higher than the heavens;
your faithfulness reaches to the skies.

Do To Others

H	O	T	H	K	Z	H	Y	I	R	R	U
O	N	Q	N	P	P	K	R	H	A	V	E
Y	P	T	H	E	M	L	K	R	Y	G	T
U	R	N	D	Q	W	R	N	R	O	O	X
K	U	G	O	N	F	H	K	K	T	S	U
L	P	K	C	E	O	F	R	Q	A	S	F
X	N	X	F	I	T	A	X	L	E	S	F
U	Z	S	H	E	H	M	B	K	I	E	F
U	O	H	O	A	E	U	J	H	C	K	X
X	S	Y	D	X	R	K	K	T	K	D	Y
K	C	D	S	O	S	B	O	H	I	T	Q
A	D	O	G	S	D	L	U	O	W	W	N

Scripture Verse

DO		THEM
TO	YOU	DO
OTHERS	WOULD	TO
AS	HAVE	YOU

Do to others as you would have them do to you.

Luke 6:31

Go Into All The World

Mark 16:15

T	M	L	N	D	O	V	T	K	I	O	A
F	T	H	Y	T	J	Y	N	A	S	O	N
Q	H	M	O	P	W	J	M	A	Y	M	D
D	E	G	I	N	C	O	C	F	Y	U	O
L	N	O	L	C	O	A	F	V	D	I	H
W	G	S	G	T	Q	I	K	N	N	P	A
E	H	P	H	V	K	D	T	T	P	H	Q
U	C	E	R	N	L	D	O	A	X	H	I
R	A	L	D	L	R	O	W	X	E	D	G
U	E	Q	A	R	P	B	L	W	A	R	N
V	R	A	W	Z	X	L	W	U	N	J	C
F	P	R	U	H	A	E	H	T	H	O	V

Scripture Verse

GO
INTO
ALL
THE

WORLD
AND
PREACH
THE

GOSPEL
TO
ALL
CREATION

"Go into all the world and preach the gospel to all creation."

No Eye Has Seen, No Ear Has Heard

1 Corinthians 2:9

E	C	O	N	C	E	I	V	E	D	O	I
Y	V	L	X	W	H	M	H	S	A	H	O
M	G	O	N	V	T	E	I	U	Z	N	V
T	M	B	L	N	O	S	D	H	M	E	U
A	M	I	N	D	O	O	I	I	S	A	P
H	R	O	F	E	H	H	D	S	E	R	N
W	S	I	O	R	W	T	R	G	E	Q	D
T	A	R	Z	A	Z	T	A	N	N	N	H
A	H	A	S	P	T	A	E	I	A	T	A
H	D	O	G	E	W	H	H	H	E	Z	S
W	T	Y	R	R	G	W	P	T	Y	B	N
H	J	F	G	P	A	X	Q	B	E	U	O

Scripture Verse

WHAT
NO
EYE
HAS
SEEN
WHAT
NO
EAR
HAS
HEARD
AND
WHAT
NO
HUMAN
MIND
HAS
CONCEIVED
THE
THINGS
GOD
HAS
PREPARED
FOR
THOSE
WHO
LOVE
HIM

"What no eye has seen, what no ear has heard, and what no human mind has conceived"— the things God has prepared for those who love him.

Isaiah 40:31

On Wings Like Eagles

S	Y	R	V	T	H	E	Y	W	I	L	L
B	U	T	S	E	L	G	A	E	E	B	H
T	K	G	E	K	I	L	W	W	P	V	O
H	S	E	S	O	H	T	A	I	I	N	P
E	T	N	K	T	H	E	Y	N	L	L	E
Y	R	P	I	S	G	N	I	W	D	L	L
W	E	E	K	L	N	R	I	E	H	T	W
H	N	T	N	O	L	U	K	W	T	H	E
L	G	N	W	E	N	I	E	L	N	O	S
O	T	I	U	O	W	A	W	T	A	O	N
R	H	A	T	E	R	R	U	N	A	W	T
D	D	F	S	Y	X	G	D	R	W	H	O

Scripture Verse

BUT
THOSE
WHO
HOPE
IN
THE
LORD
WILL

RENEW
THEIR
STRENGTH
THEY
WILL
SOAR
ON
WINGS

LIKE
EAGLES
THEY
WILL
RUN
AND
NOT
GROW

WEARY
THEY
WILL
WALK
AND
NOT
BE
FAINT

But those who hope in the LORD will renew their strength. They will soar on wings like eagles; they will run and not grow weary, they will walk and not be faint.

This Is Love

W	P	B	F	E	W	A	J	L	Q	J	S
W	V	G	E	T	J	T	R	N	O	T	O
Y	S	U	A	C	E	T	H	A	T	C	U
H	K	H	Z	A	I	J	O	M	M	E	R
Y	T	D	D	L	T	F	L	O	V	E	D
N	A	E	N	T	X	O	I	E	S	G	G
F	F	V	V	I	N	E	N	R	I	O	K
Y	I	O	T	B	V	E	J	I	C	W	N
T	B	L	R	O	T	E	S	C	N	A	L
V	U	S	L	D	A	H	H	H	X	G	S
U	T	I	S	R	O	N	I	S	N	I	S
S	I	H	D	A	L	G	D	S	R	J	P

Scripture Verse

THIS
IS
LOVE
NOT
THAT
WE

LOVED
GOD
BUT
THAT
HE
LOVED

US
AND
SENT
HIS
SON
AS

AN
ATONING
SACRIFICE
FOR
OUR
SINS

This is love: not that we loved God, but that he loved us and sent his Son as an atoning sacrifice for our sins.

1 John 4:10

Love The Lord Your God

R	G	Q	G	N	X	N	S	L	U	O	S
K	L	D	T	R	U	O	Y	L	L	A	G
O	H	L	N	W	Z	X	N	E	P	L	L
L	E	L	S	A	H	L	O	V	E	L	H
Z	T	A	Y	G	O	D	D	N	A	A	H
H	T	G	N	E	R	T	S	U	Z	T	D
U	X	C	T	J	P	B	H	Y	I	R	R
R	A	K	T	D	B	I	T	W	O	E	O
X	E	R	R	R	O	X	I	Z	W	U	L
Q	H	U	T	U	A	D	W	W	I	Y	R
A	T	O	D	I	O	E	F	U	T	D	H
G	K	Y	X	I	V	Y	H	S	H	H	V

Scripture Verse

LOVE
THE
LORD
YOUR
GOD
WITH
ALL
YOUR
HEART
AND
WITH
ALL
YOUR
SOUL
AND
WITH
ALL
YOUR
STRENGTH

Love the LORD your God with all your heart and with all your soul and with all your strength.

I Will Praise You Psalm

Psalm 9:1-2

H	R	U	O	Y	W	Y	O	U	S	I	B
I	L	L	E	T	I	I	O	T	D	W	N
G	I	Y	B	J	L	R	T	Y	E	I	E
H	S	W	I	L	L	H	O	H	E	L	C
F	B	R	I	L	E	U	F	I	D	L	I
K	O	W	A	N	R	M	O	S	T	T	O
L	U	F	R	E	D	N	O	W	R	F	J
L	L	I	W	F	V	H	I	A	O	E	E
M	Y	L	O	R	D	I	E	A	G	M	R
T	H	A	N	K	S	H	G	N	E	A	A
I	L	X	G	L	A	D	I	D	B	N	E
L	U	O	Y	S	E	S	I	A	R	P	W

Scripture Verse

I
WILL
GIVE
THANKS
TO
YOU
LORD
WITH

ALL
MY
HEART
I
WILL
TELL
OF
ALL

YOUR
WONDERFUL
DEEDS
I
WILL
BE
GLAD

AND
REJOICE
IN
YOU
I
WILL
SING
THE

PRAISES
OF
YOUR
NAME
O
MOST
HIGH

I will give thanks to you, Lord, with all my heart; I will tell of all your wonderful deeds. I will be glad and rejoice in you; I will sing the praises of your name, O Most High.

Let The Little Children Come

Matthew 19:14

D	J	S	U	S	E	J	W	S	O	M	J
K	E	L	H	L	B	J	L	F	O	A	K
T	H	E	N	N	I	E	U	D	N	E	Y
N	T	S	N	F	T	T	G	O	C	O	M
H	H	G	E	Z	O	N	T	O	T	N	T
I	C	N	V	P	I	R	M	L	T	H	S
N	U	O	A	K	O	E	A	D	E	O	O
D	S	L	E	Z	M	X	E	S	K	M	Y
E	F	E	H	A	S	H	E	Z	R	E	H
R	U	B	N	H	T	O	E	M	Z	H	N
A	J	D	M	S	A	I	D	E	Q	T	O
E	E	N	E	R	D	L	I	H	C	O	D

Scripture Verse

JESUS
SAID
LET
THE
LITTLE
CHILDREN
COME
TO
ME
AND
DO
NOT
HINDER
THEM
FOR
THE
KINGDOM
OF
HEAVEN
BELONGS
TO
SUCH
AS
THESE

Jesus said, "Let the little children come to me, and do not hinder them, for the kingdom of heaven belongs to such as these."

The Lord Is My Rock

P	S	N	R	O	H	E	A	C	L	Z	N
E	I	R	V	O	F	T	H	N	Y	H	F
S	I	O	G	F	O	K	N	T	D	M	M
A	G	C	O	T	A	S	Q	U	N	I	I
L	G	K	D	M	Y	S	H	I	E	L	D
V	M	T	A	K	E	Q	T	J	N	Y	M
A	F	M	Y	F	O	R	T	R	E	S	S
T	R	E	R	E	V	I	L	E	D	L	O
I	X	X	J	Y	E	R	C	S	A	O	D
O	L	R	O	C	K	D	N	A	R	R	M
N	E	H	T	R	E	F	U	G	E	D	Y
Y	M	X	I	M	Y	W	H	O	M	P	D

Scripture Verse

THE
LORD
IS
MY
ROCK
MY
FORTRESS
AND
MY
DELIVERER
MY
GOD
IS
MY
ROCK
IN
WHOM
I
TAKE
REFUGE
MY
SHIELD
AND
THE
HORN
OF
MY
SALVATION

"The LORD is my rock, my fortress and my deliverer; my God is my rock, in whom I take refuge, my shield and the horn of my salvation."

2 Samuel 22:2-3

Clap Your Hands

Psalm 47:1-2

E	G	W	I	S	Y	O	U	R	R	O	F
Y	H	O	U	P	O	Z	H	S	A	L	L
L	T	X	D	F	T	H	E	T	O	Z	C
L	R	S	N	O	I	T	A	N	L	L	A
A	A	H	T	I	W	V	P	G	A	T	W
L	E	H	P	T	Z	L	S	P	W	Y	E
C	D	C	I	H	A	N	D	S	C	U	S
R	T	H	E	G	G	I	S	D	T	L	O
I	E	C	Q	M	H	N	V	H	R	H	M
E	U	V	O	Z	Z	U	I	Y	O	O	E
S	E	S	O	M	V	F	O	K	P	U	L
P	T	A	E	R	G	J	V	Y	U	O	T

Scripture Verse

CLAP	TO	THE	
YOUR	GOD	LORD	GREAT
HANDS	WITH	MOST	KING
ALL	CRIES	HIGH	OVER
YOU	OF	IS	ALL
NATIONS	JOY	AWESOME	THE
SHOUT	FOR	THE	EARTH

Clap your hands, all you nations; shout to God with cries of joy.
For the LORD Most High is awesome, the great King over all the earth.

I Am The Light Of The World

John 8:12

E	C	L	T	H	E	T	W	E	N	B	C
E	E	G	N	K	A	H	U	K	D	I	F
M	F	T	E	L	S	M	T	B	L	P	O
Z	I	H	V	A	R	F	H	L	R	F	T
G	L	G	E	W	L	A	I	W	O	U	H
Z	R	I	R	L	V	W	L	J	W	S	E
R	L	L	I	E	J	K	F	M	Z	K	H
O	T	W	I	F	O	L	L	O	W	S	A
X	H	I	Y	F	V	L	T	O	W	K	J
E	G	S	S	E	N	K	R	A	D	X	M
M	I	A	T	Q	F	L	X	W	H	F	K
E	L	T	B	F	R	E	V	E	O	H	W

Scripture Verse

I
AM
THE
LIGHT
OF
THE
WORLD
WHOEVER
FOLLOWS
ME
WILL
NEVER
WALK
IN
DARKNESS
BUT
WILL
HAVE
THE
LIGHT
OF
LIFE

"I am the light of the world. Whoever follows me will never walk in darkness, but will have the light of life."

Psalm 28:7

I Praise Him

U	X	S	I	A	K	R	O	G	C	J	A
Y	X	P	G	K	X	I	Y	N	A	S	O
D	H	A	V	F	W	R	U	O	T	X	N
E	Z	E	H	A	H	O	Z	S	R	N	P
S	B	L	Z	K	M	F	O	H	A	T	L
I	Y	K	Y	N	I	E	X	Y	E	M	B
A	H	R	L	M	Z	Z	L	W	H	Y	L
R	Z	T	L	Z	M	D	U	G	I	A	K
P	K	P	U	I	J	N	X	W	H	T	W
E	O	S	H	L	G	O	A	G	K	A	H
Z	V	A	L	N	X	N	Y	T	Z	S	U
P	N	E	O	G	D	Y	V	V	N	O	K

Scripture Verse

MY
HEART
LEAPS
FOR

JOY
AND
WITH
MY

SONG
I
PRAISE
HIM

My heart leaps for joy, and with my song I praise him.

Be Exalted, O God

Psalm 57:5

H	G	O	D	C	H	M	A	Q	D	G	F
K	H	A	R	O	T	L	L	V	T	E	L
I	S	B	U	C	R	G	L	X	E	P	H
R	X	O	O	L	A	O	X	B	P	M	C
F	K	V	Y	M	E	M	S	I	N	M	E
K	T	E	H	N	A	P	F	M	S	X	T
S	H	L	V	E	C	G	C	W	A	H	V
W	E	Q	O	S	A	J	O	L	E	A	Q
Y	R	O	L	G	A	V	T	B	D	M	X
Z	O	V	E	R	R	E	E	E	V	C	L
E	H	Q	Z	R	D	A	H	N	E	B	M
A	B	F	S	P	J	N	V	W	S	Z	W

Scripture Verse

BE	THE	BE
EXALTED	HEAVENS	OVER
O	LET	ALL
GOD	YOUR	THE
ABOVE	GLORY	EARTH

Be exalted, O God, above the heavens; let your glory be over all the earth.

Plans Of The Lord

R	S	N	A	L	P	U	T	R	A	E	H
T	R	P	S	G	E	D	R	O	L	E	R
A	H	H	U	O	L	M	G	B	I	X	E
E	I	H	B	R	R	M	S	V	J	A	V
S	U	B	T	I	P	T	T	Q	V	E	E
B	Y	T	F	O	A	O	A	F	H	F	R
F	U	B	F	N	L	F	S	T	J	J	O
B	X	E	D	U	C	L	M	E	T	X	F
J	G	H	K	Z	P	T	A	Q	S	H	W
N	U	T	B	J	A	B	N	J	D	L	E
S	G	E	N	E	R	A	T	I	O	N	S
W	B	V	S	X	T	H	R	O	U	G	H

Scripture Verse

BUT
THE
PLANS
OF
THE
LORD

STAND
FIRM
FOREVER
THE
PURPOSES

OF
HIS
HEART
THROUGH
ALL
GENERATIONS

But the plans of the Lord stand firm forever,
the purposes of his heart through all generations.

I Am The Bread Of Life

B	R	F	X	W	T	M	S	E	M	O	C
H	N	E	V	E	R	L	L	I	W	G	Q
Y	N	E	V	E	R	T	U	D	N	O	O
F	J	M	R	E	V	E	O	H	W	J	T
B	E	L	I	E	V	E	S	R	M	E	H
R	X	J	P	J	R	Z	Y	I	L	T	I
H	R	E	V	E	O	H	W	B	O	F	R
H	U	G	T	Z	Q	W	E	R	K	R	S
X	V	N	W	O	I	K	F	E	Y	A	T
N	I	Z	G	L	Q	Y	I	A	E	N	Y
G	D	T	L	R	M	Q	L	D	B	D	K
J	E	H	T	H	Y	A	X	C	S	A	R

John 6:35

Scripture Verse

I
AM
THE
BREAD
OF
LIFE
WHOEVER
COMES
TO
ME
WILL
NEVER
GO
HUNGRY
AND
WHOEVER
BELIEVES
IN
ME
WILL
NEVER
BE
THIRSTY

"I am the bread of life. Whoever comes to me will never go hungry, and whoever believes in me will never be thirsty."

Psalm 19:1

The Glory Of God

Q	F	D	I	J	M	Q	Y	E	H	T	U
J	O	O	Z	T	V	T	J	P	Z	S	T
G	S	J	P	S	Q	F	H	T	R	I	H
E	K	W	F	O	N	P	Q	E	K	G	E
P	T	N	U	W	A	E	S	T	R	F	H
R	V	J	E	Z	L	D	V	Y	O	B	O
O	M	S	G	C	N	E	V	A	W	S	A
C	O	T	U	A	R	O	S	P	E	I	V
L	B	H	H	C	T	H	N	E	U	H	Y
A	T	E	G	G	L	O	R	Y	I	C	B
I	G	V	S	T	R	B	Z	S	S	K	W
M	X	E	R	A	L	C	E	D	G	X	S

Scripture Verse

THE
HEAVENS
DECLARE
THE
GLORY

OF
GOD
THE
SKIES
PROCLAIM

THE
WORK
OF
HIS
HANDS

The heavens declare the glory of God;
the skies proclaim the work of his hands.

I Trust In God's Love

J	M	L	R	M	N	I	G	Q	I	B	J
T	E	S	E	C	I	O	J	E	R	Q	M
N	W	N	R	O	F	T	V	Y	O	Y	N
J	E	U	S	E	S	I	A	R	P	N	B
I	V	N	S	A	L	V	A	T	I	O	N
I	O	F	G	L	O	R	D	S	H	F	Z
R	L	A	Y	S	I	T	R	A	E	H	G
U	G	I	O	A	P	T	B	U	T	S	K
O	D	L	U	H	X	R	X	V	I	Q	R
Y	O	I	R	E	E	U	P	N	D	O	T
D	O	N	Q	P	H	S	G	N	E	E	B
Y	G	G	V	I	N	T	J	L	L	I	W

Scripture Verse

BUT
I
TRUST
IN
YOUR
UNFAILING
LOVE

MY
HEART
REJOICES
IN
YOUR
SALVATION

I
WILL
SING
THE
LORDS
PRAISES

FOR
HE
HAS
BEEN
GOOD
TO
ME

But I trust in your unfailing love; my heart rejoices in your salvation.
I will sing the LORD's praises, for he has been good to me.

Psalm 13:5-6

In All Things

B	E	E	N	S	K	R	O	W	G	M	E
C	H	A	V	E	H	I	M	J	N	S	M
Y	R	N	I	S	D	T	U	E	O	T	Y
A	O	A	E	G	J	P	W	P	N	E	B
C	F	N	V	N	I	B	R	Z	G	H	W
C	K	D	O	I	R	U	C	Y	W	T	W
O	N	Z	L	H	P	A	V	U	E	H	H
R	M	L	V	T	L	S	T	S	B	P	O
D	K	G	L	L	A	D	O	O	G	W	S
I	X	D	E	I	T	H	A	T	W	O	I
N	B	D	Q	R	T	A	Z	O	L	N	H
G	D	O	G	Z	J	F	O	K	W	K	Q

Scripture Verse

AND
WE
KNOW
THAT
IN
ALL
THINGS

GOD
WORKS
FOR
THE
GOOD
OF

THOSE
WHO
LOVE
HIM
WHO
HAVE

BEEN
CALLED
ACCORDING
TO
HIS
PURPOSE

And we know that in all things God works for the good of those who love him, who have been called according to his purpose.

God's Love

C	F	F	D	S	V	B	S	B	P	H	E
F	O	R	E	E	Q	U	S	F	U	W	C
V	T	R	M	L	E	T	T	V	J	S	N
F	D	N	O	I	R	W	I	G	T	N	A
F	O	X	N	H	E	S	L	Y	J	X	B
K	G	R	S	W	W	R	L	S	I	H	T
C	T	D	T	T	C	E	A	I	O	W	N
S	S	E	R	X	S	N	C	D	R	J	I
D	I	D	A	T	H	N	E	D	N	K	D
C	R	N	T	J	X	I	L	O	V	E	U
M	H	S	E	G	D	S	S	U	C	N	B
H	C	I	S	A	O	Q	S	E	P	L	F

Scripture Verse

BUT
GOD
DEMONSTRATES
HIS
OWN
LOVE
FOR
US
IN
THIS
WHILE
WE
WERE
STILL
SINNERS
CHRIST
DIED
FOR
US

But God demonstrates his own love for us in this:
While we were still sinners, Christ died for us.

Jesus Is The Way, Truth, Life

E	Q	I	O	N	E	E	T	O	I	L	Q
G	F	F	C	E	T	S	P	W	T	E	O
T	G	I	H	Z	H	B	U	C	N	H	D
R	E	I	L	A	E	E	S	O	Z	G	N
U	I	H	W	P	X	L	R	M	G	U	A
T	N	B	T	C	I	C	R	E	K	O	B
H	O	M	E	P	K	E	E	S	H	R	E
Q	F	P	Z	I	H	A	Q	I	S	H	Y
A	T	H	E	T	O	J	S	Y	M	T	U
R	J	W	A	Y	M	A	J	E	H	M	T
C	Z	F	D	M	A	M	N	E	Y	M	V
G	X	Z	E	X	Q	I	W	D	U	S	O

Scripture Verse

I
AM
THE
WAY
AND
THE
TRUTH

AND
THE
LIFE
NO
ONE

COMES
TO
THE
FATHER
EXCEPT
THROUGH
ME

"I am the way and the truth and the life.
No one comes to the Father except through me."

God Is Faithful

Q	L	T	P	U	T	V	J	R	R	W	E
U	S	B	C	K	T	T	Q	I	O	N	G
P	R	O	F	E	S	S	E	E	F	Q	S
K	W	U	L	S	P	H	J	T	W	I	G
L	U	F	H	T	I	A	F	C	K	H	Q
J	F	L	H	H	U	W	C	O	Q	B	O
Y	L	G	N	I	V	R	E	W	S	N	U
H	I	R	J	T	S	W	I	H	Y	H	C
F	T	S	Y	C	W	P	Z	M	O	L	E
O	L	H	A	M	D	O	E	P	T	L	G
R	Z	R	E	J	D	T	E	J	J	V	D
A	O	S	P	R	O	M	I	S	E	D	N

Scripture Verse

LET
US
HOLD
UNSWERVINGLY
TO
THE
HOPE
WE
PROFESS
FOR
HE
WHO
PROMISED
IS
FAITHFUL

Let us hold unswervingly to the hope we profess,
for he who promised is faithful.

Hebrews 10:23

2 Corinthians 12:9

God's Grace

I	L	I	F	A	C	U	M	M	Y	E	D
H	V	G	H	H	J	M	R	S	I	G	F
Z	E	R	Y	S	O	E	S	R	S	Q	F
Q	M	A	X	I	W	E	Q	V	U	U	Z
T	Q	C	B	O	N	M	J	F	F	O	R
Z	C	E	P	K	G	A	M	O	F	Y	E
N	H	E	A	G	X	D	P	R	I	N	M
Y	E	E	F	I	E	E	K	X	C	D	I
M	W	E	T	R	N	X	G	Z	I	R	T
J	M	P	I	J	E	L	Z	G	E	O	R
I	H	O	S	W	B	P	N	T	N	F	C
Q	S	P	I	R	S	A	P	S	T	N	D

Scripture Verse

MY
GRACE
IS
SUFFICIENT
FOR
YOU
FOR
MY
POWER
IS
MADE
PERFECT
IN
WEAKNESS

"My grace is sufficient for you,
for my power is made perfect in weakness."

Answer Key

Page 1

Love One Another

E	I	P	S	R	O	L	O	V	E	L	Z
Y	D	N	H	A	E	V	W	A	J	G	V
L	J	G	A	N	O	H	Z	F	X	Q	K
Z	J	E	O	N	R	T	T	S	A	N	X
O	F	W	N	E	O	I	S	O	X	B	L
O	O	H	M	O	V	T	X	U	N	Y	S
M	P	S	K	A	X	O	H	M	M	A	J
U	V	Y	W	H	D	E	L	E	O	R	L
H	O	U	O	Y	U	H	N	H	R	O	L
U	A	I	G	Y	G	Z	I	Z	V	K	Z
N	J	P	K	C	N	R	K	E	X	X	B
H	A	V	E	V	C	N	D	K	B	J	X

Page 2

No Other Name But Jesus

N	B	O	T	H	E	R	E	S	L	E	S
J	K	Z	M	A	N	K	I	N	D	A	R
V	O	T	O	R	O	F	I	Q	L	E	O
E	G	T	S	U	M	D	B	V	R	O	T
G	I	I	S	C	N	Y	A	E	N	H	U
R	V	M	X	U	D	T	H	E	S	E	N
B	E	N	O	W	I	T	S	X	I	A	D
Y	N	F	H	O	X	A	W	H	R	V	E
B	W	I	N	N	V	B	W	W	M	E	R
R	C	K	A	E	A	O	O	N	W	N	A
H	L	W	D	W	N	M	I	A	E	C	L
G	Q	J	M	Z	C	P	E	W	D	X	W

Page 3

Give Thanks To The Lord

Y	K	N	Y	Z	I	Q	P	L	O	U	I
E	M	R	I	A	G	D	N	H	Q	P	R
V	P	F	J	D	M	E	T	D	Q	A	K
I	Y	G	F	E	V	N	N	E	R	B	M
G	T	O	H	O	H	X	A	S	L	O	D
S	R	O	L	Z	W	T	I	E	A	T	L
A	O	D	Y	S	V	N	C	R	I	M	S
E	T	I	N	D	K	H	B	U	H	S	I
F	S	K	N	A	H	T	K	D	S	G	S
F	O	R	E	V	E	R	G	N	N	H	H
F	W	S	N	F	P	D	C	E	H	I	O
B	E	G	N	Z	T	M	E	U	S	H	I

Page 4

For God So Loved The World

I	E	B	E	T	E	R	N	A	L	O	J
G	P	V	E	T	A	H	G	E	F	I	L
O	E	H	E	L	J	C	A	T	A	H	T
D	R	A	N	G	I	Y	V	H	U	H	M
P	I	V	O	X	L	E	E	E	A	I	F
W	S	E	H	N	R	Y	V	T	H	S	Q
O	H	I	O	E	E	I	K	E	O	R	R
R	S	A	L	H	V	I	W	N	S	O	Q
L	O	V	E	D	E	P	B	U	T	F	I
D	W	G	R	B	O	L	L	A	H	S	S
N	N	N	Z	Z	H	D	N	A	I	O	N
E	H	T	I	F	W	R	B	Q	K	S	O

Page 5

Romans 3:23

H	X	N	S	Y	S	H	W	L	S	F	E
M	E	V	U	R	O	M	L	B	J	A	A
D	B	Y	N	O	M	A	C	U	S	T	S
X	S	S	L	L	F	U	J	O	J	X	I
O	C	H	B	G	Y	O	O	Q	E	H	C
C	U	K	O	T	Q	F	Y	D	N	A	U
Q	Y	R	B	R	P	H	Z	O	I	P	B
Z	Q	O	R	P	T	B	C	E	H	T	D
U	R	F	Z	T	T	S	A	E	Q	B	P
D	O	G	E	V	A	H	C	L	L	A	R
B	E	S	I	N	N	E	D	K	Q	F	V
V	A	C	S	P	Q	H	T	C	O	R	D

Page 6

I Will Trust In You

I	T	R	U	S	T	K	I	V	N	F	D
Z	X	I	N	G	I	E	F	I	I	N	I
D	O	G	F	I	P	C	M	N	A	U	P
X	O	D	I	A	R	F	A	A	W	S	Q
D	O	G	E	P	R	A	I	S	E	B	U
D	B	Q	T	Y	M	T	A	A	P	A	E
E	S	O	H	W	B	O	F	U	N	P	Y
P	R	N	O	E	J	N	R	J	U	W	I
U	F	T	R	U	S	T	A	D	O	H	G
T	T	L	Y	U	O	L	I	Z	Y	E	Q
D	Y	D	Q	E	G	V	D	N	O	N	C
V	M	A	O	U	M	D	R	O	W	L	J

Answer Key

Page 7

Saved By Grace

S	W	T	S	B	G	G	I	F	T	L	Q
I	M	I	J	C	E	M	A	N	D	S	Y
H	S	B	E	E	N	U	B	A	I	H	O
T	U	J	T	H	R	O	U	G	H	F	U
O	O	I	F	Y	Y	U	H	A	V	E	R
F	Y	G	H	T	I	A	F	M	Q	P	S
N	I	T	O	O	Z	I	P	Y	U	I	E
Z	I	S	U	D	S	L	N	R	M	T	L
S	A	A	E	C	A	R	G	O	O	P	V
J	J	V	T	H	E	F	D	F	R	O	E
E	X	E	N	O	T	A	B	J	F	Y	S
I	U	D	N	Y	H	V	Y	X	C	N	H

Page 8

Call On The Name Of The Lord

W	K	Z	G	G	J	F	E	B	Z	W	U
Z	S	L	L	A	C	Z	V	J	C	G	M
W	W	O	H	W	C	N	E	Y	Q	E	O
W	Z	N	P	X	C	A	R	I	I	B	V
I	D	N	M	T	W	M	Y	J	T	H	E
L	E	T	B	X	D	E	O	T	E	D	W
L	V	E	E	U	R	D	N	H	U	L	M
D	A	R	M	F	O	X	E	D	E	V	F
M	S	I	G	T	L	H	Y	Z	O	H	B
O	V	Q	B	T	X	S	W	F	H	E	T
P	T	N	L	B	I	J	R	B	B	O	H
V	Q	Q	F	P	P	I	N	O	D	V	I

Page 9

I Can Do All Things

P	Y	E	O	O	H	W	Y	J	B	J	H
O	R	S	K	U	C	R	X	H	I	Z	A
I	F	Q	F	H	T	G	N	E	R	T	S
B	V	S	R	J	G	O	H	W	C	I	N
A	A	F	E	M	F	O	D	A	T	U	F
M	W	O	Y	V	Y	F	N	D	H	S	Y
P	W	U	U	A	I	L	P	S	R	Z	W
B	P	K	S	E	Z	G	W	L	O	L	U
K	R	S	I	H	T	A	B	F	U	Y	U
M	E	A	L	P	J	H	M	Y	G	N	L
B	U	A	E	M	R	L	I	C	H	L	X
A	T	B	V	Y	I	C	H	E	A	L	F

Page 10

Great Is Your Love

D	E	T	O	A	S	B	B	I	N	S	N
R	W	H	M	K	S	E	R	L	Z	K	A
E	I	D	R	P	E	H	R	R	C	I	H
H	Z	I	E	E	N	T	T	U	S	E	T
G	K	F	A	V	L	S	Y	O	O	S	R
I	C	D	C	S	U	N	U	Y	W	Y	H
H	P	W	H	I	F	E	A	Q	X	G	Y
L	O	A	E	S	H	V	D	P	E	R	R
O	N	C	S	K	T	A	C	X	N	E	F
V	X	Q	S	R	I	E	I	L	A	A	O
E	B	H	Y	D	A	H	G	P	Q	T	R
T	H	E	L	M	F	F	Y	L	Q	F	B

Page 11

Do To Others

H	O	T	H	K	Z	H	Y	I	R	R	U
O	N	Q	N	P	P	K	R	H	A	V	E
Y	P	T	H	E	M	L	K	R	Y	G	T
U	R	N	D	Q	W	R	N	R	O	O	X
K	U	G	O	N	F	H	K	K	T	S	U
L	P	K	C	E	O	F	R	Q	A	S	F
X	N	X	F	I	T	A	X	L	E	S	F
U	Z	S	H	E	H	M	B	K	I	E	F
U	O	H	O	A	E	U	J	H	C	K	X
X	S	Y	D	X	R	K	K	T	K	D	Y
K	C	D	S	O	S	B	O	H	I	T	Q
A	D	O	G	S	D	L	U	O	W	W	N

Page 12

Go Into All The World

T	M	L	N	D	O	V	T	K	I	O	A
F	T	H	Y	T	J	Y	N	A	S	O	N
Q	H	M	O	P	W	J	M	A	Y	M	D
D	E	G	I	N	C	O	C	F	Y	U	O
L	N	O	L	C	O	A	F	V	D	I	H
W	G	S	G	T	Q	I	K	N	N	P	A
E	H	P	H	V	K	D	T	T	P	H	Q
U	C	E	R	N	L	D	O	A	X	H	I
R	A	L	D	L	R	O	W	X	E	D	G
U	E	Q	A	R	P	B	L	W	A	R	N
V	R	A	W	Z	X	L	W	U	N	J	C
F	P	R	U	H	A	E	H	T	H	O	V

Answer Key

Page 13

No Eyes Has Seen, No Ear Has Heard

E	C	O	N	C	E	I	V	E	D	O	I
Y	V	L	X	W	H	M	H	S	A	H	O
M	G	O	N	V	T	E	I	U	Z	N	V
T	M	B	L	N	O	S	D	H	M	E	U
A	M	I	N	D	O	O	I	I	S	A	P
H	R	O	F	E	H	H	D	S	E	R	N
W	S	I	O	R	W	T	R	G	E	Q	D
T	A	R	Z	A	Z	T	A	N	N	N	H
A	H	A	S	P	T	A	E	I	A	T	A
H	D	O	G	E	W	H	H	H	E	Z	S
W	T	Y	R	R	G	W	P	T	Y	B	N
H	J	F	G	P	A	X	Q	B	E	U	O

Page 14

On Wings Like Eagles

S	Y	R	V	T	H	E	Y	W	I	L	L
B	U	T	S	E	L	G	A	E	E	B	H
T	K	G	E	K	I	L	W	W	P	V	O
H	S	E	S	O	H	T	A	I	I	N	P
E	T	N	K	T	H	E	Y	N	L	L	E
Y	R	P	I	S	G	N	I	W	D	L	L
W	E	E	K	L	N	R	I	E	H	T	W
H	N	T	N	O	L	U	K	W	T	H	E
L	G	N	W	E	N	I	E	L	N	O	S
O	T	I	U	O	W	A	W	T	A	O	N
R	H	A	T	E	R	R	U	N	A	W	T
D	D	F	S	Y	X	G	D	R	W	H	O

Page 15

This Is Love

W	P	B	F	E	W	A	J	L	Q	J	S
W	V	G	E	T	J	T	R	N	O	T	O
Y	S	U	A	C	E	T	H	A	T	C	U
H	K	H	Z	A	I	J	O	M	M	E	R
Y	T	D	D	L	T	F	L	O	V	E	D
N	A	E	N	T	X	O	I	E	S	G	G
F	F	V	V	I	N	E	N	R	I	O	K
Y	I	O	T	B	V	E	J	I	C	W	N
T	B	L	R	O	T	E	S	C	N	A	L
V	U	S	L	D	A	H	H	H	X	G	S
U	T	I	S	R	O	N	I	S	N	I	S
S	I	H	D	A	L	G	D	S	R	J	P

Page 16

Love The Lord Your God

R	G	Q	G	N	X	N	S	L	U	O	S
K	L	D	T	R	U	O	Y	L	L	A	G
O	H	L	N	W	Z	X	N	E	P	L	L
L	E	L	S	A	H	L	O	V	E	L	H
Z	T	A	Y	G	O	D	D	N	A	A	H
H	T	G	N	E	R	T	S	U	Z	T	D
U	X	C	T	J	P	B	H	Y	I	R	R
R	A	K	T	D	B	I	T	W	O	E	O
X	E	R	R	R	O	X	I	Z	W	U	L
Q	H	U	T	U	A	D	W	W	I	Y	R
A	T	O	D	I	O	F	F	U	T	D	H
G	K	Y	X	I	V	Y	H	S	H	H	V

Page 17

I Will Praise You Psalm

H	R	U	O	Y	W	Y	O	U	S	I	B
I	L	L	E	T	I	I	O	T	D	W	N
G	I	Y	B	J	L	R	T	Y	E	I	E
H	S	W	I	L	L	H	O	H	E	L	C
F	B	R	I	L	E	U	F	I	D	L	I
K	O	W	A	N	R	M	O	S	T	T	O
L	U	F	R	E	D	N	O	W	R	F	J
L	L	I	W	F	V	H	I	A	O	E	E
M	Y	L	O	R	D	I	E	A	G	M	R
T	H	A	N	K	S	H	G	N	E	A	A
I	L	X	G	L	A	D	I	D	B	N	E
L	U	O	Y	S	E	S	I	A	R	P	W

Page 18

Let The Little Children Come

D	J	S	U	S	E	J	W	S	O	M	J
K	E	L	H	L	B	J	L	F	O	A	K
T	H	E	N	N	I	E	U	D	N	E	Y
N	T	S	N	F	T	T	G	O	C	O	M
H	H	G	E	Z	O	N	T	O	T	N	T
I	C	N	V	P	I	R	M	L	T	H	S
N	U	O	A	K	O	E	A	D	E	O	O
D	S	L	E	Z	M	X	E	S	K	M	Y
E	F	E	H	A	S	H	E	Z	R	E	H
R	U	B	N	H	T	O	E	M	Z	H	N
A	J	D	M	S	A	I	D	E	Q	T	O
E	E	N	E	R	D	L	I	H	C	O	D

Answer Key

Page 19

The Lord Is My Rock

P	S	N	R	O	H	E	A	C	L	Z	N
E	I	R	V	O	F	T	H	N	Y	H	F
S	I	O	G	F	O	K	N	T	D	M	M
A	G	C	O	T	A	S	Q	U	N	I	I
L	G	K	D	M	Y	S	H	I	E	L	D
V	M	T	A	K	E	Q	T	J	N	Y	M
A	F	M	Y	F	O	R	T	R	E	S	S
T	R	E	R	E	V	I	L	E	D	L	O
I	X	X	J	Y	E	R	C	S	A	O	D
O	L	R	O	C	K	D	N	A	R	R	M
N	E	H	T	R	E	F	U	G	E	D	Y
Y	M	X	I	M	Y	W	H	O	M	P	D

Page 20

Clap Your Hands

E	G	W	I	S	Y	O	U	R	R	O	F
Y	H	O	U	P	O	Z	H	S	A	L	L
L	T	X	D	F	T	H	E	T	O	Z	C
L	R	S	N	O	I	T	A	N	L	L	A
A	A	H	T	I	W	V	P	G	A	T	W
L	E	H	P	T	Z	L	S	P	W	Y	E
C	D	C	I	H	A	N	D	S	C	U	S
R	T	H	E	G	G	I	S	D	T	L	O
I	E	C	Q	M	H	N	V	H	R	H	M
E	U	V	O	Z	Z	U	I	Y	O	O	E
S	E	S	O	M	V	F	O	K	P	U	L
P	T	A	E	R	G	J	V	Y	U	O	T

Page 21

I Am The Light Of The World

E	C	L	T	H	E	T	W	E	N	B	C
E	E	G	N	K	A	H	U	K	D	I	F
M	F	T	E	L	S	M	T	B	L	P	O
Z	I	H	V	A	R	F	H	L	R	F	T
G	L	G	E	W	L	A	I	W	O	U	H
Z	R	I	R	L	V	W	L	J	W	S	E
R	L	L	I	E	J	K	F	M	Z	K	H
O	T	W	I	F	O	L	L	O	W	S	A
X	H	I	Y	F	V	L	T	O	W	K	J
E	G	S	S	E	N	K	R	A	D	X	M
M	I	A	T	Q	F	L	X	W	H	F	K
E	L	T	B	F	R	E	V	E	O	H	W

Page 22

I Praise Him

U	X	S	I	A	K	R	O	G	C	J	A
Y	X	P	G	K	X	I	Y	N	A	S	O
D	H	A	V	F	W	R	U	O	T	X	N
E	Z	E	H	A	H	O	Z	S	R	N	P
S	B	L	Z	K	M	F	O	H	A	T	L
I	Y	K	Y	N	I	E	X	Y	E	M	B
A	H	R	L	M	Z	Z	L	W	H	Y	L
R	Z	T	L	Z	M	D	U	G	I	A	K
P	K	P	U	I	J	N	X	W	H	T	W
E	O	S	H	L	G	O	A	G	K	A	H
Z	V	A	L	N	X	N	Y	T	Z	S	U
P	N	E	O	G	D	Y	V	V	N	O	K

Page 23

Be Exalted, O God

H	G	O	D	C	H	M	A	Q	D	G	F
K	H	A	R	O	T	L	L	V	T	E	L
I	S	B	U	C	R	G	L	X	E	P	H
R	X	O	O	L	A	O	X	B	P	M	C
F	K	V	Y	M	E	M	S	I	N	M	E
K	T	E	H	N	A	P	F	M	S	X	T
S	H	L	V	E	C	G	C	W	A	H	V
W	E	Q	O	S	A	J	O	L	E	A	Q
Y	R	O	L	G	A	V	T	B	D	M	X
Z	O	V	E	R	R	E	E	E	V	C	L
E	H	Q	Z	R	D	A	H	N	E	B	M
A	B	F	S	P	J	N	V	W	S	Z	W

Page 24

Plans Of The Lord

R	S	N	A	L	P	U	T	R	A	E	H
T	R	P	S	G	E	D	R	O	L	E	R
A	H	H	U	O	L	M	G	B	I	X	E
E	I	H	B	R	R	M	S	V	J	A	V
S	U	B	T	I	P	T	T	Q	V	E	E
B	Y	T	F	O	A	O	A	F	H	F	R
F	U	B	F	N	L	F	S	T	J	J	O
B	X	E	D	U	C	L	M	E	T	X	F
J	G	H	K	Z	P	T	A	Q	S	H	W
N	U	T	B	J	A	B	N	J	D	L	E
S	G	E	N	E	R	A	T	I	O	N	S
W	B	V	S	X	T	H	R	O	U	G	H

Answer Key

Page 25

I Am The Bread Of Life

B	R	F	X	W	T	M	S	E	M	O	C
H	N	E	V	E	R	L	L	I	W	G	Q
Y	N	E	V	E	R	T	U	D	N	O	O
F	J	M	R	E	V	E	O	H	W	J	T
B	E	L	I	E	V	E	S	R	M	E	H
R	X	J	P	J	R	Z	Y	I	L	T	I
H	R	E	V	E	O	H	W	B	O	F	R
H	U	G	T	Z	Q	W	E	R	K	R	S
X	V	N	W	O	I	K	F	E	Y	A	T
N	I	Z	G	L	Q	Y	I	A	E	N	Y
G	D	T	L	R	M	Q	L	D	B	D	K
J	E	H	T	H	Y	A	X	C	S	A	R

Page 26

The Glory Of God

Q	F	D	I	J	M	Q	Y	E	H	T	U
J	O	O	Z	T	V	T	J	P	Z	S	T
G	S	J	P	S	Q	F	H	T	R	I	H
E	K	W	F	O	N	P	Q	E	K	G	E
P	T	N	U	W	A	E	S	T	R	F	H
R	V	J	E	Z	L	D	V	Y	O	B	O
O	M	S	G	C	N	E	V	A	W	S	A
C	O	T	U	A	R	O	S	P	E	I	V
L	B	H	H	C	T	H	N	E	U	H	Y
A	T	E	G	G	L	O	R	Y	I	C	B
I	G	V	S	T	R	B	Z	S	S	K	W
M	X	E	R	A	L	C	E	D	G	X	S

Page 27

I Trust In God's Love

J	M	L	R	M	N	I	G	Q	I	B	J
T	E	S	E	C	I	O	J	E	R	Q	M
N	W	N	R	O	F	T	V	Y	O	Y	N
J	E	U	S	E	S	I	A	R	P	N	B
I	V	N	S	A	L	V	A	T	I	O	N
I	O	F	G	L	O	R	D	S	H	F	Z
R	L	A	Y	S	I	T	R	A	E	H	G
U	G	I	O	A	P	T	B	U	T	S	K
O	D	L	U	H	X	R	X	V	I	Q	R
Y	O	I	R	E	E	U	P	N	D	O	T
D	O	N	Q	P	H	S	G	N	E	E	B
Y	G	G	V	I	N	T	J	L	L	I	W

Page 28

In All Things

B	E	E	N	S	K	R	O	W	G	M	E
C	H	A	V	E	H	I	M	J	N	S	M
Y	R	N	I	S	D	T	U	E	O	T	Y
A	O	A	E	G	J	P	W	P	N	E	B
C	F	N	V	N	I	B	R	Z	G	H	W
C	K	D	O	I	R	U	C	Y	W	T	W
O	N	Z	L	H	P	A	V	U	E	H	H
R	M	L	V	T	L	S	T	S	B	P	O
D	K	G	L	L	A	D	O	O	G	W	S
I	X	D	E	I	T	H	A	T	W	O	I
N	B	D	Q	R	T	A	Z	O	L	N	H
G	D	O	G	Z	J	F	O	K	W	K	Q

Page 29

God's Love

C	F	F	D	S	V	B	S	B	P	H	E
F	O	R	E	E	Q	U	S	F	U	W	C
V	T	R	M	L	E	T	T	V	J	S	N
F	D	N	O	I	R	W	I	G	T	N	A
F	O	X	N	H	E	S	L	Y	J	X	B
K	G	R	S	W	W	R	L	S	I	H	T
C	T	D	T	T	C	E	A	I	O	W	N
S	S	E	R	X	S	N	C	D	R	J	I
D	I	D	A	T	H	N	E	D	N	K	D
C	R	N	T	J	X	I	L	O	V	E	U
M	H	S	E	G	D	S	S	U	C	N	B
H	C	I	S	A	O	Q	S	E	P	L	F

Page 30

Jesus Is The Way, Truth, Life

E	Q	I	O	N	E	E	T	O	I	L	Q
G	F	F	C	E	T	S	P	W	T	E	O
T	G	I	H	Z	H	B	U	C	N	H	D
R	E	I	L	A	E	E	S	O	Z	G	N
U	I	H	W	P	X	L	R	M	G	U	A
T	N	B	T	C	I	C	R	E	K	O	B
H	O	M	E	P	K	E	E	S	H	R	E
Q	F	P	Z	I	H	A	Q	I	S	H	Y
A	T	H	E	T	O	J	S	Y	M	T	U
R	J	W	A	Y	M	A	J	E	H	M	T
C	Z	F	D	M	A	M	N	E	Y	M	V
G	X	Z	E	X	Q	I	W	D	U	S	O

Answer Key

Page 31

God Is Faithful

Q	L	T	P	U	T	V	J	R	R	W	E
U	S	B	C	K	T	T	Q	I	O	N	G
P	R	O	F	E	S	S	E	E	F	Q	S
K	W	U	L	S	P	H	J	T	W	I	G
L	U	F	H	T	I	A	F	C	K	H	Q
J	F	L	H	H	U	W	C	O	Q	B	O
Y	L	G	N	I	V	R	E	W	S	N	U
H	I	R	J	T	S	W	I	H	Y	H	C
F	T	S	Y	C	W	P	Z	M	O	L	E
O	L	H	A	M	D	O	E	P	T	L	G
R	Z	R	E	J	D	T	E	J	J	V	D
A	O	S	P	R	O	M	I	S	E	D	N

Page 32

God's Grace

I	L	I	F	A	C	U	M	M	Y	E	D
H	V	G	H	H	J	M	R	S	I	G	F
Z	E	R	Y	S	O	E	S	R	S	Q	F
Q	M	A	X	I	W	E	Q	V	U	U	Z
T	Q	C	B	O	N	M	J	F	F	O	R
Z	C	E	P	K	G	A	M	O	F	Y	E
N	H	E	A	G	X	D	P	R	I	N	M
Y	E	E	F	I	E	E	K	X	C	D	I
M	W	E	T	R	N	X	G	Z	I	R	T
J	M	P	I	J	E	L	Z	G	E	O	R
I	H	O	S	W	B	P	N	T	N	F	C
Q	S	P	I	R	S	A	P	S	T	N	D

Scripture Memory Ideas

- Make extra copies of each "circle-a-word" puzzle, scripture memory cards, and the scripture memory chart for your family or Sunday School class.
- Encourage children to find each word in the scripture verse. Then circle each word in the puzzle with a pencil or highlight with a colored highlighter for additional fun.
- Read the verse aloud several times.
- Cut out the scripture memory cards and post them on your refrigerator or in your classroom.
- Read, read, and read them again! Repetition will help memory retention.
- Use the scripture memory chart to keep track of which verses have been memorized by filling out the information. Reward each child with a star sticker.
- Extra star stickers can be easily purchased at your local dollar store if needed.

Scripture Memory Cards

"Love one another. As I have loved you, so you must love one another."

John 13:34

Salvation is found in no one else, for there is no other name under heaven given to mankind by which we must be saved.

Acts 4:12

Give thanks to the Lord, for he is good; his love endures forever.

Psalm 107:1

For God so loved the world that he gave his one and only Son, that whoever believes in him shall not perish but have eternal life.

John 3:16

Laminate the scripture cards at your local office supply store. Display on your refrigerator and say the verse as a family during meal times.

For all have sinned and fall short of the glory of God.

Romans 3:23

When I am afraid, I put my trust in you. In God, whose word I praise — in God I trust and am not afraid.

Psalm 56:3-4

For it is by grace you have been saved, through faith — and this is not from yourselves, it is the gift of God.

Ephesians 2:8

"Everyone who calls on the name of the Lord will be saved."

Romans 10:13

Let everyone in the family pick a favorite verse. Then, write the verse on large poster board and decorate the verse with pictures, symbols, and stickers. Memorize a verse a week, or even a verse a month, as a family.

I can do all this through him
who gives me strength.

Philippians 4:13

For great is your love, higher than the heavens;
your faithfulness reaches to the skies.

Psalm 108:4

Do to others as you would
have them do to you.

Luke 6:31

"Go into all the world and preach
the gospel to all creation."

Mark 16:15

Do a family devotion on one of the verses. Discuss what the verse means and how the verse applies to your life today.

"What no eye has seen, what no ear has heard, and what no human mind has conceived"— the things God has prepared for those who love him.

1 Corinthians 2:9

But those who hope in the LORD will renew their strength. They will soar on wings like eagles; they will run and not grow weary, they will walk and not be faint.

Isaiah 40:31

This is love: not that we loved God, but that he loved us and sent his Son as an atoning sacrifice for our sins.

1 John 4:10

Love the LORD your God with all your heart and with all your soul and with all your strength.

Deuteronomy 6:5

Download the **FREE** scripture memory songs and sing them in the car or at home! Go to **www.twinsisters.com** and enter promo code: **SMC2019**

I will give thanks to you, LORD, with all my heart; I will tell of all your wonderful deeds. I will be glad and rejoice in you; I will sing the praises of your name, O Most High.

Psalm 9:1-2

Jesus said, "Let the little children come to me, and do not hinder them, for the kingdom of heaven belongs to such as these."

Matthew 19:14

"The LORD is my rock, my fortress and my deliverer; my God is my rock, in whom I take refuge, my shield and the horn of my salvation."

2 Samuel 22:2-3

Clap your hands, all you nations; shout to God with cries of joy. For the LORD Most High is awesome, the great King over all the earth.

Psalm 47:1-2

Read Psalm 107:1, then make an "I Am Thankful" list. This is a perfect "at the dinner table" activity. Go around the table and have everyone share one thing they are thankful for each day.

"I am the light of the world. Whoever follows me will never walk in darkness, but will have the light of life."

John 8:12

My heart leaps for joy, and with my song I praise him.

Psalm 28:7

Be exalted, O God, above the heavens; let your glory be over all the earth.

Psalm 57:5

But the plans of the LORD stand firm forever, the purposes of his heart through all generations.

Psalm 33:11

Make a prayer journal as a family and write a list of the people that you will commit to pray for each week. Let everyone take turns praying for that person during meal times or in the evening.

"I am the bread of life. Whoever comes to me will never go hungry, and whoever believes in me will never be thirsty."

John 6:35

The heavens declare the glory of God; the skies proclaim the work of his hands.

Psalm 19:1

But I trust in your unfailing love; my heart rejoices in your salvation. I will sing the LORD's praises, for he has been good to me.

Psalm 13:5-6

And we know that in all things God works for the good of those who love him, who have been called according to his purpose.

Romans 8:28

Read John 13:34 to find out what Jesus says about love.

But God demonstrates his own love for us in this: While we were still sinners, Christ died for us.

Romans 5:8

"I am the way and the truth and the life. No one comes to the Father except through me."

John 14:6

Let us hold unswervingly to the hope we profess, for he who promised is faithful.

Hebrews 10:23

"My grace is sufficient for you, for my power is made perfect in weakness."

2 Corinthians 12:9